फुटकर

प्रतीक पाठक 'मन'

ISBN 979-888591123-8

""मेरी ज़िद्द,*

मेरे इश्क़

और मेरी ख़ुदगर्ज़ी के नाम""

for all your days, be prepared
and meet them ever alike.
When you are the anvil, bear.
When you are the hammer, STRIKE.
-Edwin Markham

क्रम-सूची

क्रम-सूची

समर्पण

आप के हाथ में यदि ये पुस्तक है तो आपको सबसे ज्यादा यश और आभार।

ईश्वरीय आशीर्वाद के रूप में मेरे पापा जी और मेरी मम्मी का ऋण किसी धन्यवाद से उतरेगा नहीं। बाकी, जिनको जो आभार बनता था, वो पहले ही दे दिया गया है।

प्रकाशक का विशेष अभिनन्दन।

भूमिका

इस पुस्तक के लेखक भारत के दफ्तरों में छुपे हुए उन लाखों शायरों, कहानीकारों में से एक है। ये किसी के पापा हैं, किसी के काकू भी हैं, किसी के भैया हैं, एक सुंदरी के साइयाँ भी हैं - चुनाँचे, इनकी अपनी कोई पहचान नहीं है । कई साल तो इनको ये तय करने में लग गया कि हिंदी में लिखें या अंग्रेजी में या भोजपुरी में ही लिख डालें ! फिर, तय हुआ - अमां, लिखो भाई, जिस भाषा में आये उसमें लिखो, किसी को कोई फर्क नहीं पड़ना ।

लेखक तमाम भारतीय लेखकों की तरह इंजीनियरिंग में ग्रेजुएट है और एम् बी ए भी है, लेकिन हाई स्कूल में आने से पहले सौ से ज्यादा बचकानी कवितबाज़ी कर चुका था। गंभीर लेखन सिर्फ दो साल के लिए किया और ये कवितायें, कहानियाँ वहीं रो हैं।

कुछ विशेष जोड़ने के लिए होगा तो आगे आने वाले कहानियों की पुस्तकों में और बताया जायेगा।

***

The author of this book is one of those lakhs of poets, storytellers hiding in the offices of India. He is someone's father, someone's dearest uncle, someone's brother, and husband to a gorgeous lady - enough said, the author has no identity of their own. For many years it took him to decide whether to write in Hindi or in English or even in Bhojpuri. Then, it was decided - For gad's sake, Write! Brother, write in the language in which your thoughts come, no one should mind or care.

The author, like many Indian writers, is an engineering graduate and holds an MBA, but had done over a hundred childish poems before coming to high school. Did serious writing for only two years and these poems, stories are from there.

If there is something special to add, more will be told in the coming story books.

आमुख

इस पुस्तक में लेखक ने बचपने से लेकर भटकती जवानी तक में जो भी गीत और कवितायेँ लिखीं थीं, उन में से फुटकर कहलाने लायक जो भी हैं, उनको यहाँ डाला गया है। फुटकर माने,वो शब्द संगम जो यूँही मिल गए - किसी ख़ास मीटर, किसी ख़ास नियम, किसी ख़ास भाषा को ध्यान में नहीं रखा गया , जिसे हिंदी वाले मुक्त कविता लेखन कहते हैं । आप फिर भी पढ़ते पढ़ते महसूस कर पाओगे कि कौन सी कविता या गीत कब लिखा गया है, ये भी कि कविता को लिखते समय दोस्त साथ हैं , प्रेमिका साथ है या अकेले ही लिखा है, इसका भी आभास होगा। कविताओं का क्रम भी ऐसा ही रखा गया है कि न पढ़ने वाले पाठक को, न प्रतीक पाठक को ये भ्रम हो कि अद्भुत कुछ हो गया है। बस सीधी रेखा को खींचने का प्रयास है, कोई कला प्रदर्शन नहीं बस भाव और अभाव।

इस पुस्तक के सिर्फ दो ही भाग हैं, लेकिन ज़माने तीन हैं। पहला भाग प्रेम के भाव-अभाव और दुसरे भाग में सब कुछ।

आशा कर रहा हूँ, कविताएं आपके लिए उतना ही महत्व रखेंगी जितना कभी-कभार मिल जाने वाला फुटकर - जो आप लेना तो नहीं चाहते लेकिन कभी-कभी बहुत काम आता है ।

इश्क़ वाले मेले

1. लिख दूँ तुम पर सौ बात

लिख दूं तुझपर सौ बात...
पर इस बात पर हैरान हूँ !
सोचता हूँ तुझपर, तो भटक जाता हूँ,
हर बार तेरी आँखों पर अटक जाता हूँ |

उन काली पुतली से,
घनी रात याद आ जाती है |
उठती झुकती पलकों से,
झरनों की झलक आती है |
वो सफ़ेद पत्थर के नक्श
बर्फ की बरसात हैं,
फ़जूल रूहानियत की रात हैं |
करीब से तुम्हारी आँखें
पूरी दुनिया के सरीखे |
गलियाँ हैं...सड़कें हैं...और सड़कों पर मैं दीखता हूँ,
तुम्हारी आँखों में बसता हूँ |
तुझमें...जब खुद को,
यूँ आसानी से पाता हूँ,
तो खो जाता हूँ |
कहा तो...
लिख दूं तुझपर सौ बात,
पर इस बात पर हैरान हूँ !
सोचता हूँ तुझपर, तो भटक जाता हूँ,
हर बार तेरी आँखों पर अटक जाता हूँ |

होश आता है
जब ज़ुल्फ़ तेरी,
फिसल के बल पर आती है |
आँखें तेरी,
ज़ुल्फ़ जाल से ढँक जाती है |
तब अपनी नाज़ुक उँगलियों से,
माथे पर नाखून करना,
मेरे भ्रम को तोड़ने वाले,
भ्रम को फिर पीछे करना |
दिख जाते हैं,
फिर से तुम्हारे सुलझे पलकों के बाग़,
लिख दूं तुझपर सौ बात,
पर इस बात पर हैरान हूँ !
सोचता हूँ तुझपर, तो भटक जाता हूँ,
हर बार तेरी आँखों पर अटक जाता हूँ |

***

"भले याद ना रहे, गीतों में क्या था...
ये तो नहीं भूलेगा, कोई लिखता था गीत तेरे वास्ते"

2. मैं mcD जाना चाहता हूँ

मैं किसी से कुछ कहना चाहता हूँ ,
कि मैं तुम्हे कितना चाहता हूँ ,
इस ख्वाहिश का पूरा होना न होना ,
पूरा इस बात पर आता हूँ ,
मैं mcD जाना चाहता हूँ |
मुझे भी बैठना है किसी के साथ ,
लिए हाँथों में हाथ ,
बस बातें करना है ,और सुनना है ,कुछ उसके ,
और कुछ उसी के सपनो में खोना चाहता हूँ ,
मैं mcD जाना चाहता हूँ |
मुझे रातों में फ़ोन पे जागना है ,
सिर्फ़ अजीब सी बातें करना है ,
रोज करना है इंतज़ार की ग्यारह बजे ,
रोज़ वो समय से प्यार करना है ,
मैं फ़ोन पर ही डरना ,
मजाक करना चाहता हूँ ,
मैं mcD जाना चाहता हूँ |
मुझे भी अखरे किसी का न आना ,
मुझे भी नखरे देखने हैं ,
मुझे भी दोस्तों को setting की पार्टी देनी है ,
उनके कुछ कहने पर चिढ़ना ,
और शांत हो जाना चाहता हूँ ,
मैं mcD जाना चाहता हूँ |
मेरा अभी क्लास में इन मन् लगता है ,

मन् भटकाना चाहता हूँ ,
मैं mcD जाना चाहता हूँ |
किसी से लड़ना है ,
बहसें बढ़नी है ,
रत में दिल से रोना ,
ख़ुद पे ग़ुस्साना ,ख़ुद पर कुढ़ना ,
फिर सुबह नज़र चुरा कर ,
और आँखें मिला कर ,
उस एक मानना चाहता हूँ ,
मैं mcD जाना चाहता हूँ |
कहने को तो मैं दोस्तों पर
ज्यादा ऐतबार दिखाऊँगा ,
हर बार दोस्ती को ,
प्यार के ऊपर बताऊँगा ,
पर फिर भी अपना सारा प्यार ,
किसी पर लुटाना चाहता हूँ ,
मैं mcD जाना चाहता हूँ |
मेरे सरे शब्द उसके होंगे ,
मेरी सारी तरजीह उसपर होंगी ,
बावजूद इसके ,उसे दिखा कर ,
किसी और लड़की की ,
तारीफ जताना चाहता हूँ ,
मैं mcD जाना चाहता हूँ |
Sms-sms खेलना है ,
Balance की चिंता नहीं करनी ,
झूठ बताना घर पे है ,
पर सपना मेरा कल पे है ,
कुछ teddy पसंद भी करने हैं ,
कुछ नए तरीके जनने हैं की ,

कैसे उसे जता दूँ मैं की ,
कितना पसंद मैं करता हूँ उसे ,
और कितना अपना बनाना चाहता हूँ ,
बस उस एक लड़की के साथ ,
मैं mcD जाना चाहता हूँ |
Gifts खरीद के लाने होंगे ,
फूल कई जुटाने होंगे ,
करना होगा उसके बर्थडे पर
सबसे पहले मुझको विश ,
और मुझे अपने दोस्तों से ,
भीग भीग पीटना होगा ,
और होगी एक पार्टी ,
उस पार्टी में फिर एक बार ,
उसे छूकर और करीब आना चाहता हूँ ,
मैं mcD जाना चाहता हूँ |
मौसम जब बदलेगा ,
और सावन बरसने आयेगा ,
रूहानियत का एक दिन यूँ न बीत पायेगा ,
मन् तरसेगा चलने को ,मचलने को ,
अभी तो खूब भीगता हूँ बरसातों में ,
पर अब ठण्ड से बचना चाहता हूँ ,
मैं mcD जाना चाहता हूँ |
मूवी देखने जाना ही है ,
कार्नर की सीट पाना ही है ,
फ़िल्म का हीरो क्या कर ले साला ,
मैं उसका हीरो बन जाना चाहता हूँ ,
मैं mcD जाना चाहता हूँ |
मेरे दोस्तों की couple's पार्टी,mcD में होने वाली है ,
मेरे दोस्त और उनकी जितनी भी girlfriends(1,2 ya 3),

सब साथ में जाने वाली हैं ,
मुझे साथ ले जाना चाहते हैं ,
पर मैं अकेला हूँ ,
कई रामायण का एक हनुमान ,
मैं नहीं बनना चाहता हूँ ,
मैं मेरे दोस्तों और उसके संग ,
कुछ वक्त mcD में बिताना चाहता हूँ ,
मैं mcD जाना चाहता हूँ |

***

"मोरे मन में तोहरी प्रीत जगाएँ,
संसार भरें मन द्वेष हटाएँ,
जाहिं धान प्राण बर्षा करवायें,
फाने तो हैं ही सारे काम,
का का करें घनश्याम !"

3. प्रेम मेरा

जैसा भी हो प्रियतम प्रेम मेरा,
उसका स्वरूप कुछ ऐसा न हो ।
मैं पल प्रतिपल कुछ आशा करूँ,
हर मोड़ मोहिनी बाँधा करूँ,
तुम कर पाने को विहिकल हो,
मैं न होने पे विहल रहूँ,
ऐसी विचलन से है बेहतर,
जो प्रीत स्वयँ से खिल जाए,
जो चाहना है वो मिल जाये,
ये सुनने में ठीक है प्रिये,
ये होने में ठीक है...
जैसा भी हो प्रियतम प्रेम मेरा...

***

"भले नज़रों को पता है, दिल के कड़े पहरे,
तेरे चेहरे से दिखते हैं अब तमाम चेहरे "

"जब तुम हो और मैं हूँ,
तो ये बताओ, दो पक्ष कहाँ है इसमें !!
है यदि कुछ, तो इतना ही है...
एक शरीर है, एक प्राण है,
ये बताओ, झूठ कहाँ हैं इसमें !!"

4. तुम नहीं तो और कौन !!

हाथों में लिए यादों का हाथ,
पलकें बंद किये, बाहों के बाग़ हद लिए,
थिरकती हंसी, चहकते पक्षी,
तुम्हारे दुपट्टे की छाँव में, पीले कुमुद का खिल जाना,
चांदी की पायल पाँव में, नंगे पैर इतराना,
तुम्हे ढूंढना बागीचे भर तितली बन,
तुम्हारे कंगन के खन-खन से...
कोई, इतने में पीछे से आंखों को करे बंद ।
मैं पूछूं, कौन?
बाग,
हवा,
तितली,
पक्षी,
बादल,
हलचल,
कंगन, पायल, पृथ्वी, श्रृष्टि, हृदय...
सब मौन
तुम ही तुम बस,
तुम नहीं तो और कौन!!

***

"ये अजूबा भी जान ए मन तेरे बिन हुआ,
शाम गुज़री नहीं, दिन गुज़र गया"

"मंजिल मंजिल, रस्ते रस्ते, लो आ गए हम हंसते हंसते,
यारी फजाएं, अम्बर की बाहें, दूर गगन की रंगी घटाएं"

"जाने, क्या ओढ़े आते हो तन्हाई में, छा जाते हो,
तुम शहतूत की तरह, यादों में जब आ जाते हो"

"नाश हो इन बैरी नैनों का,
तेरी ओर जो टूट गए,
एक अकेला मन था संगी,
उसकी भाषा लूट गए,
क्या आन पड़ी जो प्रीत निभाये,
फिरने से पहले क्यूँ ना फूट गए ! ये बैरी नैन . . ."

5. सांवरे सइयां

सांवरे, सांवरे, सइयां सांवरे,
आजा तुझे नैनों में बसा लूं सइयां सांवरे |
निशा जरे, तुम आँखों से मचल जाओ,
अंजाने जो अंगड़ाई में मसल जाओ,
भर अंजलि तुम्हे, मुझमें समेट लेंगे,
फिर से तुम्हे अपनी नज़रों की ओट देंगे |
अरे अब न जरो, कितना अब जर लोगे ?
जीवन भर की ले लो, पलकों की छाँव रे
सांवरे, सांवरे, सइयां सांवरे |

***

"ये शहर,
ये, शहर की सड़कें,
इन सड़कों में गलियां,
गलियों पे रास्ते,
रास्ते पर हम-तुम,
तब . . .ना ये रास्ते, ना ये शहर . . ."

"यूँ फ़र्श पे गिरा और चूर हो गया,
जाने ख़्वाब था कि वहम था, दूर हो गया"

6. तुम्हारी याद

(मेरी कहानी "एक रात की एक कहानी, दो किस्से" में पात्र रजनीश
लिखता है आदिति के लिए, ये प्यारी सी कविता |)

तुम्हारे जितने ही झगड़ालू तुम्हारी यादें हैं,
और तुम्हारे सामानों से पटा मेरा मकान*
हर दलील में मुझे ख़ारिज किये जाते हैं |

मेरे मकान पे भूले तुम्हारे सूखे गुलाब से
अब रोष उभर कर आते हैं |
मुझ पे बिफर उठती हैं
उस गुलाब की सूखी पंखुड़ियां,
और नालायक वो दो डायरी के पन्ने
चिमटियाँ उमेठ मुझे याद दिलाते हैं, तुमको...

तुम्हारे ये नकचढ़े सामान
तुमसे ही सम्हल पाते थे,
और तुम थे तो इतने झगड़े
तुम ही कर पाते थे |

***

*"तुम बिन जीवन, कांति नितांत पाती |
मेरी थाती तुम तक,
अप्रिय अतत प्रीत, कितना समझा जाती ?
तुम बिन जीवन..."*

"अफसोस कि दिल में ही रह जाएंगी कई बातें,
काश एक बार देख ली होती तुमने, हमारी आँखें"

"मैं अपने मन की जानूँ, तू जाने अपने मन की
तू जिससे चाहे प्रीत निभाये,
तू प्रीत मेरे जीवन की "

"खिड़कियो से फिसल के आती ओस,
सर्दियों का सा मौसम लगता है |
पिछले कुछ बरस से तुम्हारी गर्म सांसें
भुला रही थी वक़्त की हकीक़त"

"रो पड़ूं अगर, तुम्हारी आवाज की गरमी सुन कर मैं,
तब जान लेना कितना ठंडा दिल है अन्दर,
बर्फ का एक समंदर . . . "

"मुझे फिर उसी शाम की सी लाली दे दे,
बैठ मेरे संग दो पल, दो पल खाली दे दे "

"जिल्द के किनारे,
बेवजह, स्याही खर्चे थे ,
टेढ़ी-मेढ़ी लकीरें, कुछ सधी बिंदियाँ,
कहीं गाढ़ी कलम, कहीं ठंडी कलम से,
किनारे रंग रहे थे |
बस जिस पल,
किसी जिद्द से जब ठहरे,
किनारे पर रह गए तुम्हारे,
चेहरे ही चेहरे, चेहरे ही चेहरे"

7. किताब के किनारे

किताब उठाई थी, कुछ और आज सीखेंगे,
किनारे पर लेकिन, अपनी कवितायेँ छोड़ दी |

सौ वफ़ा निभा कर एक दिल्लगी बढ़ाई थी,
एक बेवफ़ाई पर वो दोस्ती तोड़ दी |

सफ़र की आफत दर्द, मंजिल देख ढंकने लगे,
किसी की एक ना ने ज़िन्दगी मोड़ दी |

***

"अगर एक हैं ! फिर सवाल क्या ? जवाब क्या ?
अगर एक हैं ! खुद जान लो, है बात क्या!"

"सच कहना, तुम्हारा जेवर रहा हूँ,
या खिलौना रहा हूँ?
मैं ही मैं संपृक्त था,
या एक कोना रहा हूँ!"

"ए मीत तुम कहो, निभा भी लूं , तो किसे?
एक तरफ ये जग की नीति है, एक ओर तुझसे प्रीत"

"आखिरी पत्र जितनी तड़प,जितनी कसमसाहट
ये मौन आहट के घेरे कचोटते हैं,
तेरे शब्द जब बोलते हैं,मेरी वफ़ा की दास्तान"

8. मेरे साथ जगे बादल

रात भर बारिश होती रही ।
पानी लोरी की तान सा गूंजता ।
तकिये और घुटने समेट कर
घर सोता रहा,
मैं पानी पानी होता रहा ।

एक एक बूँद के कंधे थामे,
पुराने किस्से गिर पड़ते ।
मैं बचता तो कितना बचता !
मेरे माथे सर आ पड़ते ।
बारिश के सरीखे शीतल किस्से,
मैं ही अन्दर के कीचड़ धोता रहा,
पानी पानी . . . होता रहा ।

***

"ये जुर्म है अगर इश्क़ तो, इल्जाम मुझपे है...
तू अपने हिस्से की गलतियां साथ लिए जा ।
मुझे दिन में खुली आँखों के ख़्वाब आने दे,
तू अपनी मुलाक़ात की हर रात लिए जा ।
ना है अगर दर्द तो मुझको ये होने दे,
करकट झाड़ मेरे सिरहाने, मीठी बात लिए जा ।"

9. मन्नू बोले

"तेरी डायरी से झांकता सूखा गुलाब...
वही डायरी, जिसमे तुम ही तुम हो,
वही गुलाब, जिसमे मैं ही मैं हूँ |
तेरी डायरी से झांकता सूखा गुलाब, ये कहता है...
मरा हुआ, मुरझाया हुआ ही सही, तुझमे . . . मैं हूँ"

"चेहरे पे कभी आते हैं, कभी आते ही नहीं,
ये जो दर्द के घाव हैं, दिल से जाते ही नहीं"

"कोई सिसक रहा आज बिस्तर पे मेरे, कौन है?
एक मन, दो जिस्म, एक रो रहा - एक मौन है"

"कितनी तरह तुझे देखा है!
खुमार उतर जाए, कि चढ़े रहे तू दिखी सवाल की तरह,
तुझे इज़हार न करता तू रही मलाल की तरह,
तू मुझे चाहती है ये यकीन हुआ कमाल की तरह
तुझे सीने से यूं नोच के उतार दिया बवाल की तरह"

"हो गयी शाम, चले आओ अब तो,
मुझे बर्बाद करने की हद यही तय कर दो
मेरे खिलखिलाने से मेरा दर्द मत नापो,
मान लो मेरे कसक का अक्स अपने दिल को"

10. मुसाफिर

तू जिसे चाहे, तेरे इश्क़ पे हक़ है उसी का,
मैं पहर का मुसाफिर हूँ, यूँही चला जाऊंगा ।
कुछ देखा हो उतर के सीने में,
तो गुंजाइश थोड़ी कर लेना,
कभी याद कर दर्द हो तो,
आज की खातिर सह लेना,
तू तेरे मन की करे तो तेरा कसूर नहीं,
ये तो मुझपे है जो चला ज़ोर ख़ुदी का,
मेरी मुझसे खैर नहीं जो तुझको रुलाऊंगा,
मैं पहर का मुसाफिर हूँ, यूँही चला जाऊंगा ।

***

"तुम्हारा आखिरी पत्र भी जला डाला...
काश ! उन शब्दों को मिटा पाता, जो आत्मा तक छपे हैं "

"वियोग वरन दुःखदाई है,
यही मगर सर आयी है,
तुम होना ना उदास प्रिये,
मैं तो सदा ही पास प्रिये,
तुम दिल हो मैं धड़कन हूँ,
तुम वियोग मैं तड़पन हूँ,
तुम शब्द मैं अर्थात प्रिये,
मैं तो सदा ही पास ..."

11. एक तुम जो नहीं

मंजर भी है, नज़ारे भी हैं,
आईने में सूखे इशारे भी हैं,
तकिये, चादर सलीके में इधर-उधर,
मेरे सीने में उभरी दरारें भी हैं,
हर कोना, हर टुकड़ा रुका है तुझको ढूंढते,
हर कुछ तो है हर ओर, मगर कुछ भी नहीं,
हर चीज़ तो मकान की वहीं है, एक तू जो नहीं ।

***

<u>फ़ना</u>

मैकदे में हम ख़र्च हुए पूरे,
मैकदे में कायदे कहाँ होते हैं !

इश्क की रईसी में फ़ना हो लिए,
इश्क में फ़ायदे कहाँ होते है !

चटके दिल की रिसती आह से बचना,
टूटे दिल से बे-फ़र्ज़ वायदे कहाँ होते हैं !

***

"क्या सावन से बैर करें ! सावन ने क्या लूटा है ?
ये तो सजन खिलाड़ी हैं, उनका साथ जो छूटा है "

"ये बंधन तो तेरा-मेरा है, तेरा मेरा साथ निरंतर है,
इस नाश्वर शरीर सापेक्ष जो देखती हो, यही अंतर है"

"न जाने कितने दिन, ना जाने कितनी रातें,
याद करते हैं हम, तुम याद हो आते,
हमें हो भूले, कभी ये कर लो, रंज भूल तुम चले आते..."

"तेरे सच के बयान दिख जाते हैं,
तेरे दर्द, तेरी आँखों का पानी हैं...
मुझे हर तकलीफ़ अपने सीने में छुपानी है,ये मेरी कहानी है"

"मुझपर हक़ जताने वाले,
ये इतिला आज आम हो ले,
बाज़ार कभी सजा नहीं था,
मैं कभी बिका नहीं था"

12. 'उन दिनों' के बाद

अब ख़ैर...इतने 'उन दिनों' के बाद,
अब भी तेरी याद,
नज़रों के किनारे भीगाती है,
अब जब...तू नहीं यहाँ,
तेरी ख़ुशबू आ जाती है ।
उम्मीद से भरे तेरे पलकों के पोर्च,
तेरे मुस्कुराते गाल,
तेरे उलझे बाल,
सफ़ेद काग़ज़ पे स्केच से उभरे हैं ।
तेरे शर्माते होंठ,
तेरी अनछुई गर्दन,
तेरी बाहों के बाग़,
अभी-अभी मेरी आँखों से गुज़रे हैं ।
ऐसा नहीं...मैं कहूँ तू सुने नहीं,
पर ये दूरी यही जताती है...
तू नहीं यहाँ, तेरी ख़ुशबू आ जाती है...
अब भी तेरी याद, नज़रें भिगाती है।

***

"तेरी गली में, क्या न मेरा हाल हो जाए !
कल दिल टूटा था, आज चप्पल टूट गयी "

13. कल की एक बात

ये बात कल की सी लगती है
पर है पुरानी |

घर के पीछे था ना तुम्हारा आँगन ?
चने के अनगिनत पौधे,
पपीते लदे चार पेड़,
एक बूढ़ा अमरुद,
सिर्फ़ दो सूरजमुखी के फूल,
एक खाट, एक कुर्सी,
एक तुम और एक गिरगिटान...
अरे! मैं नहीं, एक असली गिरगिटान |

तो, आँगन में थे,
चने के अनगिनत पौधे,
पपीते लदे चार पेड़,
एक बूढ़ा अमरुद,
सिर्फ दो सूरजमुखी के फूल,
एक खाट, एक कुर्सी,
एक तुम, एक गिरगिट,
और कभी कभी मैं |

कभी कभी मैं धीरे से
तुम्हारी हथेली छू लेता था,
तुम्हारी बर्फ सी ठंडी हथेली |

अपने ख्यालों में तुम्हे बाहों में लेता था |
तुम्हारे मख्खन से नाजुक होंठ छूने की चाहत,
तभी चाची जी की आहट . . .
छिटकना, झिझकना, शर्माना, हँसना
कल की ही सी बात लगती है,
पर बात है पुरानी, भूल जाने जितनी पुरानी |

***

"अपनी कही सी लगती है तेरी हर बात,
संजो के रखी है, तेरी-मेरी हर एक मुलाकात,
बस, सोचता जाता हूँ . . .
मैं नाचूँ !या रोऊँ ! जब निकले तेरी यादों की बारात "

"बड़ी सज धज के आयी मेरे सामने,
मेरी जान, मेरी दुल्हन बन के"

बहुत कुछ और, ज़िंदगी का

14. मैं

किसी के जाने पर ये लिख पाऊं...तब ये बताऊँ,

जितनी मेरी वाणी नहीं कह पाती,
जितने मेरे भंगिमाओं ने सुनाया है,
जितना इन आँखों ने कहलवाया है कभी,
उस से कहीं ज्यादा इस एक कविता में हैं...
तुम देखोगे तो मैं ही हूँ इस में प्रतीकात्मक,
न देख पाओ तो कहीं हूँ ही नहीं...
ना अनंत आकाश में, ना शून्य मन में |

***

"कौन ?
मैं |
मैं कौन ? यहाँ ऐसे कई मैं आते हैं,
अहम् के मारे, बेचारे |
कुदरत फर्क दे गयी ! इस फर्क पर फख्र भी कर,
और है इतना अहम् तो काट ले कुछ पानी के धारे |
कौन ?
मैं |
मैं कौन ?"

15. इतना कुछ है ज़माने में

इतना कुछ है ज़माने में,

वक़्त ही कम है बस्ता सजाने में |

नमी और उदासी के छुअन,

यही कमी है जाने में |

हर कुछ तो छूट जाता है,

रह ही क्या जाता है और पाने में ?

झंझावत खरीद डाले तोहफे,

काश तरक्की काम आती मनाने में |

भड़कीली लेकिन सूनी अदा,

तस्वीरें रह जायेंगी डराने में |

वक़्त ही तो कम होंगे प्रतीक,

वक़्त खर्च जो डाले, कमाने में |

***

"किसी भी स्तर पर कुछ भरता नहीं शून्य,

उकेर कर देखो शून्य को कहीं पर,

खुद जितने ही प्रश्न हैं शून्य के, खुद जितने ही उत्तर "

16. गरीब की बालियाँ

ऐसे गुल का क्या संवरना,
खाली जिसमें थालियाँ,
बिकते बिकते क्या बिका !
बिक गयीं मेरी बालियाँ |

खींच-खांच के क्या जुटाये,
आधी रोटी, चौथा पेट,
वो किसान को दाता बोलें,
क्या अमीरी बंजर खेत |
स्वाभिमान की मसल हथेली,
जो मिला वो खा लिया . . .
बिकते बिकते क्या बिका !
बिक गयीं मेरी बालियाँ |

अस्मिता ढंक जाती रहे,
ये जतन तो हो गया,
आसमान दिखने लगा है,
शायद छप्पर ही रह गया |
एक ढंके तो एक दिखेगा,
हाय ! समाज की बेड़ियाँ . . .
बिकते बिकते क्या बिका !
बिक गयीं मेरी बालियाँ |
बाबा ज्वर के ताप में खिसके,
अम्मा दिन भर रोती है,

ज़िन्दगी ऐसी ही होती है तो,
ज़िन्दगी क्यूँ होती है ?
रोटी मिलती, तब न छिनती !
मिली ना मीठी बोलियाँ |
बिकते बिकते क्या बिका !
बिक गयीं मेरी बालियाँ |

***

का वर्षा जब कृषि सुखानी !

झीनी झीनी गिरे सर पे पानी,
ओह रे सावन ! तेरी निशानी,
घेर घेर पूरा शहर भिगाये,
पर कौन विचार तुम, आश्विन में आये?

जब आना था, तभी ना आते,
तब होती कितनी आसानी !
का वर्षा जब कृषि सुखानी ?
मौसम भर तुम उकस के भागे,
अब बंजरी भई पानी-पानी |
का वर्षा जब कृषि सुखानी ?

***

बिटिया

पीछे की बस्ती भी हँसती है,
वहां भी बिटिया बसती है |
हँसी के दांत पीले हैं,
वस्त्र मैले, पूरे सिले हैं |

फिर भी...पीछे की बस्ती हँसती है |
वहां भी बिटिया बसती है |
बिटिया के पास एक चुनरी है,
रंग सफ़ेद रहा होगा !
वो बलखाती, चुनरी उड़ाती
उड़ती जाती है |
बस्ती उसे देख हँसती है,
वो बस्ती को देख मुस्कुराती है |
बिटिया के साथ
कुछ बच्चे भी हैं,
उघड़े मगर खिलखिलाते हैं |
बिटिया के साथ दौड़ते आगे-पीछे
खेलना जानते हैं |
खेल में मजा भी है, और हँसी भी...
हंसने वाले बच्चे,
बच्चों में बिटिया |
बिटिया और बच्चों को देख
बस्ती हँसती है |
वहां भी बिटिया बसती है |

***

17. मेरी-उनकी दिवाली

कहीं के, कैसे भी घी के लड्डू हम भी खा लेंगे,
आप अगर कुछ मिट्टी के दिये इस बार जला लेंगे ।
बाबा के हिन्दुस्तान में सभी जन दीपों से जगमग थे,
मेरे इंडिया में कौन किस धर्म का, ये तो घर देख के बता देंगे ।
अभी अंदर बड़ी उलझनें हैं, कालिख हैं, जाले हैं,
अंदर ही जाना है इस बार, घर कभी और सजा लेंगे ।
तुम शुभ तमन्नाएं मेरी ले लो, सब लाभ लो, शुभ लो,
पिछली सम्वत का बाकी है मेरा, खुद को और सज़ा देंगे ।
अभी न फुलझड़ियों से, न चखरी से, न अनार दानों से जी लगता
है,
चलो, बच्चों की मन की खातिर, पटाखे खैर बजा देंगे ।

***

18. दौड़

अगर , दुनिया में हर कोई दौड़ ही रहा है
तो कोई होगा जो नाप रहा होगा इनके कदमताल |
हौसला बढ़ा देने को कोई चिल्लाता होगा,
रंगीन तारीफों के पोस्टर लहराता होगा |
थके बदन पर पानी की फुहार अचल,
और उछाल देगा जूस की बोतल |
कोई तो करीब से नजर जमाये
आंकता होगा कि जीता कौन !
अगर दुनिया में हर कोई दौड़ ही रहा है तो |

***

भेदी

कोई मूर्ख बना कर चला गया । कोई मज़ा लगा कर चला गया।
तुलना कर मानव की घोड़ों से, कोई गधा बना कर चला गया ।
अलग मिट्टी के, अलग धूप के बच्चे भी अलग, कोई इसपे लड़ा
कर चला गया।

***

19. मन बे-चैन, बिन पियाजी कैसे चैन

तुम्हारी देर रात तक आती चूड़ियों की छन-छन,

कह जाती है मन बेचैन के नखरे,

नयी नयी बहू हो घर की,

कैसे न ये घर अखरे !

वो भी तब, जब पियाजी बिरसे हैं परदेस को,

कौन निहारे अब तुम्हारे लाल श्रृंगार ! तुम्हारे भेस को ?

दोपहरिया बीते ऊंघियाने में,

शाम तो झट से खिसके, रसोई अच्छी कर पाने में,

रात शुरू हो, तुम्हे डर लागे,

जिधर ही लग पाए मन, उधर ही भागे ।

कितना ही सजा लो इस खीस को,

मैं पूछूँ ! तुम कैसे छुपा रही इस टीस को ?

खुश है ससुर तुम्हारे साग से,

सास बटे हुए काम के भाग से,

ननदें जिगर का टुकड़ा,

पर अकेले कमरे में मन उखड़ा उखड़ा,

भिक्षुक सा भटके पिया की आस में कजरारे नैन,

बिन पियाजी कैसे चैन !

***

20. एक बात जो अधूरी थी

एक बात है कहने को |
वो बात, जो नीर की टिप-टिप से शुरू होती है,
और उसी बारिश के बाद के छपाछप से
हो जाती है भंग |

एक बात जो अधूरी थी |
तब सोचा था, जब ठण्ड के बाद
सूखे गिरते पत्तों पर,
जैसे ही नयी पाती चिटकी थी,
ताप के आते ही बात ठिठकी थी |
पुराने रंगों पर
जब चढ़ने लगे थे नए रंग...
एक बात जो अधूरी है |

***

21. मन

सुनो एक बात
काश ना कि ये मन, बुलबुले सा ना होता,
ना उड़ता यूँ ही आवारा सा, मस्त मलंग,
बिना डोर की रंगीन पतंग,
कि काश...ना कोई इसको छूता,
ना कोई इसको फूंकता,
ना इसके सतरंगी रंगों पर रीझता,
ना हवा से अपनी और खींचता,
और कभी जब यूँ ही ये हो जाता भंग,
तब, जब ना रंग रहता,
ना रह जाता इसका पतंग-पना,
ना आता ये चेहरे पे...फूट कर...
काश ना..ये मन बुलबुले सा न होता...

***

"शांत, रुका हुआ जल..
एक तिनके के गिरने से हलचल,
ये हलचल, ठीक यही हलचल...मेरा मन"

22. मन

अच्छा ! ये मन कैसा होगा !
एक पन्ने सा ?
या रंगीन पन्नों की एक डायरी !
एक बुलबुले सा !
या, एक भरा-पूरा समंदर ?
या ज़मीन हो सकता है ये मन | लहलहाता या सूखा . . .
क्या कुछ नहीं उगता इस मन में ?
कुछ काम का, कुछ कतवार |
समंदर के पानी में,
टूटी कश्ती की सेहतमंद पतवार |
बुलबुले की महीन झिल्ली सा रंगीला उपहार |
दिन भर, हफ्ते भर,
जीवन भर की बात डायरी पर सिलसिलेवार, क्रमवार |
इसी पल पनपी पंक्ति के स्याह दाग,
निब के ब्लॉट, शब्दों के आकार |
मन . . . एक पन्ना ही होगा . . .
पन्ना एक और |

***

"सूनी दरारों से झाँकों, वीरानियों से आंको,
कितना भरा है, पर शोर नहीं,
एक किनारा है, पर छोर नहीं,
मन के समंदर में . . .तैरो आनंद तैरो "

23. यह दुनिया

ये दुनिया किसकी है?
सतही तौर पर मैंने देखा , तो पाया ,
ये दुनिया उनकी है ,
जो टायरों पर चढ़े , खूबसूरत ढांचों पर ,
ढर्रे से बढ़ जाते हैं ,
और उनकी भी है ,
जो उधड़े टायरों को , सिर्फ़ लकड़ी से चलाते हैं|
ये दुनिया उनकी है ,
जो रहते है शानदार बंगलो में ,अपने घरों में ,
और इस छोटे से अपने सजे घोसलों को , घरोंदा कहते हैं ,
ये दुनिया उनकी भी है , जो ये घर बनाते हैं |
ये दुनिया उनकी है ,
जो सजे बिस्तरों पर सोते हैं ,
पर चमकीली चप्पलें पहने ,
सड़क पर पैदल चलते द्रवित होते हैं ,
उन्हें देखकर , जिनका घर ही ये सड़क है|
ये दुनिया उनकी भी है ,
जो फटी पतली चादरों को , दबा कर सोते हैं ...
ये दुनिया उनकी है ,
जो पाप -निष्पाप हटाने को , धन की रोटी ,कपड़े बंटवाते हैं ,
उनमें जिनमें इसकी जरूरत है ,
और जिसे जरूरत है ,
ये दुनिया उनकी भी है |

***

24. इक्का-दुक्का जनरेशन गैप

तुम्हे क्या लगता है?
ये दशकों पुराना मेरा फ़ोन,
इतना सम्हाल कर मैंने जो चलाया है ।
उस से बचे पैसों से,
तुम्हारा स्मार्टफोन आया है? नहीं जी ।
तुम्हारा हल्का फ्रेम लेस स्पेक्ट्स!
तुम्हे खूबसूरत बनाता होगा ।
मेरी ओल्ड फैशन आँखों पे,
बेढब भारी डिज़ाइन वाला चश्मा,
बड़ा आराम लाता है । जी हाँ ।

***

"पैमाने तो बहाने हैं, बहानों का क्या !
पीने वालों की तो नियत में है नशा "

25. तबादला

उम्मीद से इतर,
प्रयास से उतर,
अपनी रची ज़मीन और
बनी पहुँच ने छला |
भावुक सीने पर भारी, तबादला |

खन-खन बंटकर,
घर से हटकर,
नयी शुरुआत सा लगे और
नए माहौल में ढला |
भावुक पलकों पर हलका, तबादला |

***

तबादला २

ना बिखरे फटे पन्नों की झील,
ना पुराने सीलबंद कार्टन,
कहानी तो सन्नाटे के लम्हे कहते हैं,
कल से कोई इस घर में नहीं होगा |

***

26. अब जो टूटे

अब जो टूटे, बिखर जायेंगे |
अभी, ये आसमान एक मुट्ठी भर,
बड़ी जिरह से पाया है |
गिरहों सा उलझाया जीवन,
कोसों बाद मुस्कुराया है |
अभी पायी है दीवार एक अपनी,
अपनी एक छत है,
अपना एक बिस्तर है,
अपनी एक हद है |
शमी, गेंदे के फूल से ही सही,
एक बगीचा बनाया है |
अब जो फिसले, किधर जायेंगे?
अब जो टूटे...बिखर जायेंगे |

***

"वो अपने हालात पे, यूँ खार किये बैठे हैं,
पहले तो हँस लेते थे अपने ही हाल पे, अब तो मुस्कुराते भी
नहीं किसी बात पे"

27. शालाएं - गौशाला

क्या तुमने मेरा गौशाला देखा है !
यहीं कहीं तो था...
धारा प्रवाह श्वेत, सुन्दर गऊ
यहीं कहीं तो था ।

मेरी पहली शाला, मेरा विकास गृह
यहीं कहीं तो था ।

जब पूजा कर, बढ़ा मान
एक छवि बनाती दादी,
कभी पूरा करवा चौथ,
कहीं अधूरी रस्में आधी,
और बचपने में चौथ कहानी,
कुस, रंग, सिन्दूर, कलश, चाँद...
यहीं कहीं तो था ।

रोज मेरा मन कभी दही, कभी घी ।
वो कच्चे घर वाला,
मेरे गौशाला वाला बूढ़ा यादव,
मेरा गाँव और
गौशाला में सबसे पीछे,
बसंती का बछड़ा
यहीं कहीं तो था ।

***

एक सुबह का सूरज

चलता रहूँ, मैं बढ़ता रहूँ,
जग जलता रहे, मैं ढलता रहूँ |

किसी झरोखे से मैंने झाँका,
कलियाँ सारी खिल उठी,
पाखी कुक्डुक, चहचहाने लगे,
बाबा उठ गए,
दादी उठ बैठी,
अंकुराने लगे बहु लोग,
कहीं पसीने सुनहरे,
कहीं सुबह बिस्तर का भोग,
और देखा मैंने आस्तिकों का जोग |

सोता मिला 'आकाश' छत पर,
और छोटे बच्चे स्कूल की बस पर,
सरपट भागम भागता रेला,
पानी के नल पे बाल्टियों का मेला,
कल्लू बो भागी, विमल बो भागी,
बिछली जाये कल्लन बो अभागी,
वक़्त भी बीता, मैं भी बीता,
फिर भी मैं न हुआ अतीता |

चलता रहूँ, मैं बढ़ता रहूँ,
जग जलता रहे, मैं ढलता रहूँ |

***

28. मुखौटे

थका हुआ जब मैं,
घर लौट के जाता हूँ,
रात के अँधेरे में,
अपने मुखौटे हटाता हूँ,
क्या देखता हूँ !
होंठ के लकीर के नीचे,
शर्मिंदगी के घाव हैं,
मुखौटे पे बने हंसी के खाँचे,
असल में हार के भाव हैं |

कभी आँखों को सूजा पाता हूँ,
अपनों के तमाचों से,
बड़ी मुश्किल से आये ये तरीके,
समाज के तमाशों से |
हंसने पे हंसना सीखा है, रोने पे रोना,
और ये मुखौटा दिखाता है,
कमी होकर भी ज़ाहिर न होना |

खुद पे खीज कर, खुद से हार कर,
खुद के होंठ काटे हैं...
होंठ की लकीर के नीचे,
शर्मिंदगी के घाव,
और मुखौटे पे हंसी के खाँचे हैं |

***

29. एक गंदे रुमाल की कविता

जीप के बोनट पे लगे त्रिशूल से बंधा हुआ एक रुमाल, मेरा ध्यान आकर्षित कर रहा था | जब जीप तेज़ी से चलती है तो हवा के ज़ोर से वो रुमाल भी उड़ता है | बेहद गन्दा लाल रंग का, सजाधजा रुमाल...मेरी नज़र से |

मचलती, लहरती, बलख बाण,
तूफ़ान तेज़, ख़ूबसूरत झाड़,
मछली एक मछली सी,
लहरे ख़ूबसूरत लड़की सी,
अंग बांटेदार,
मन को मेरे भा गयी
लाल रुमाल गोटेदार |

सधी धरा, हाथ बन्धी,
कभी तेज़ लहरों की नदी,
यों आगे, यों पीछे पवन संगी,
जीप के बोनट से बंधी,
त्रिशूल संगिनी,
वो लाल रुमाल छींटदार |

***

30. हासिल

टूट जाने का क्षण ही निश्चल है,
उस एक पल में दृश्यों का समागम
जीवन का हल है |
जो भंग हुये कई स्वप्नों पर,
एक भ्रम हावी हो जाना ज़ाहिर है |
उस एक समय में वो भ्रम भी टूट जाता है,
उस घड़ी का निश्चय महान हासिल है |

***

“जाने अंदर क्या चला, बहुत रोने का मन किया,
कुछ होने का एहसान नहीं, नहीं होने का मन किया”

“मुझ जैसी ही है गोमती आज कल,
बिखरी - बिखरी सूखी...”

“अच्छे हैं, बुरे हैं |
मुझे जीने दो, दिन मेरे हैं ”

“तुझे मर जाना है, मर जा भले,
ऐसे जाने से क्या कि तेरी कमी न खले!!”

“यूँ विरोध है खुद का खुद में ही,
भगदड़ में कुचली-मरी जा रही, जो एक भीड़ थी अन्दर”

31. हौसला रहे

टूटी कश्ती ही सही,
बीच समंदर में कहीं,
घनघोर हवायें हों,
अँधेरे छाये हों,
लगे आसमान अभी गिरेगा,
ये जहान बह निकलेगा,
मौत मद्धम से दस्तक दे,
सरे तारे गुमसुम से . . .
कुछ चाहे हो न हो . . .
संभावना से बेपार फासला रहे,
हौसला रहे, बस हौसला रहे |

***

"मेरी पुरानी डायरी के पन्नों के अंगड़ाई कोने,
कुछ पाँव लटकाते मासूम शब्द
नाराज हो होकर कहते जाते हैं,
एक पुराना ख़याल ही लिख देते |
अब तो तुम्हारे शौक से पुराने ये पन्ने हो चले "

32. वक़्त आता है

बूढ़ा हो जाता है आदमी, वक़्त आता है
खराशें आ जाती हैं ,वक़्त आता है।
गीतों के ज़ुल्फों से जूट का रेशा हो जाना,
किस्मत की लकीरों पर झुर्री का आना,
जो बाग़ थे बाहों के, सावन के झूलों से खाली हैं,
मोती रहे कहाँ! मोहताज़ निवाली हैं,
शरीर सर है, सर शरीर
कहाँ वो फिरना बादामी, वक़्त आता है ?
बूढा हो जाता है आदमी, वक़्त आता है।

***

33. जीना

कभी ओस से होकर गुजरे हो?

कभी धूप की तरह बिखरे हो?

कभी फिसले हो चाँदनी बन किसी की खिड़की से ?

कभी सहमे हो बरसात की हलकी झिड़की से ?

पतझड़ बन, क्या किसी डाल से छूटे हो कभी ?

क्या तारा बनकर आसमान से टूटे हो कभी ?

क्या चहचहाया है कभी अपनों को देख कर ?

कभी बुझे हो आग बनके जिस्मों को सेंक कर ?

क्या कभी धरती के मुस्कुराने से खुद को सुखी पाया है !

सच तो ये है मेरे दोस्त, तुम्हे भी जीना आया है |

***

"लंगर के मुफ्त खाने में,
साले तुम हम पे हँसो, हम तुमपे हँसे "

34. रिमोट

अकेले तुम, सागर के किनारे रेत पे
जो कुछ भी उकेरे देते हो,
कभी सागर उसे मिटा देता है,
कभी, मनचलों के खिलवाड़ से उलझ जाती है तस्वीर |
तुम तो तुम ही हो,
पर रेत जीवन है, और तस्वीर है तकदीर |

***

रेलगाड़ी से

एक जगह देख रहा हूँ मैं चलती रेलगाड़ी से |
छोटे छोटे हरे टीलों के ढलान,
उनपर करीने से बने झोपड़ मकान |
चार पांच सफ़ेद पंछी चुगते हुए,
एकाध काने कौवे कुढ़ते हुए |
अलसाए अंगडाई लिए खड़े महुए के पेड़,
करीने से सजी जंगली फूलों के मेढ़ |
हरे घास की चितकबरी चादर,
मटकती कमर पर मचलती गागर |
वहां से देखो तो, समय समय पर गुजरती रेल,
काश ऐसी जगह से हो मेल |

***

35. सरस्वती

ये जो चिते चिते सूखे दिख रहे रास्ते हैं,
यहाँ से कभी नदी जाती थी ।
बूढ़ी दीखती गहराई,
बंजर दरारें,
अलसाये सुस्त मोड़,
जो इसको अभी बनाते हैं
कुमुदिनी के फूल पर कभी ये इतराती थी ।
यहाँ से कभी नदी जाती थी ।
सीने पे बनी बस्ती,
अकेला पुल,
घमंडी सरपत,
मौसम में यही बस्ती थर्राती थी ।

***

"बिन मांगे मोती मिले, मांगे मिले न भीख
मांगो मत देते रहो, यही संतों की सीख "

36. ज़रा नज़र फिरा के देखो

दरारी सड़क पर निगाह जमी है,
किनारे के नीम बूढ़े हुए झर रहे |
धूल से आँखें मिचि जा रही,
अम्बोरी के कीड़े अपना काम कर रहे |
किसी तरह ये भीड़ ये रेला खिसके,
किसको दिखी ये मटमैली नहर तर रहे |
ढंके सर हैं धूप भी सर है,
खट्टे खेत की टेढ़ी पगडंडियों पे आंवले गिर रहे |
भीड़-भीड़ आन्दोलन भीड़-भीड़ रंग,
पीली सरसों से ज्यों खेत भर रहे |
इंसान पार हो गया शोर,धुंआ वहीँ छोड़ कर,
नहर पार चने पर चने फर रहे |
ज़रा नज़र फिरा के देखो प्रतीक,
क्या कमाल के अद्भुत नज़ारे बन रहे |

***

"कितने ही हसोड़ नयी ईंटों से ये रास्ते सजा लो...
आज भी पुराने निशान मुस्कुराते हैं, मुझे पहचान कर "

37. सह-अस्तित्व

जब बीज से पहला पत्ता बना,
पानी था, ताप था, दाब था और थी मिट्टी-हवा
धरती पे मेरा शरीर दिखा,
कौन साथ था ! और कौन साथ-साथ हँसा!
एक एक इकाई को देखो,
देखो, सृष्टि में उसके होने को
कोई एक इकाई बतला दो, और उसके एक अकेले होने को!

हज़ार पन्ने की गाथा से, दो चार कहावत फांक ली,
क्योंकि इतनी ही दृष्टि थी, तो इतनी ही खिड़की झाँक ली ।

***

"तुम्हारे होने से छुप जाती है हकीकत मेरी,
तुम चिराग हो, मैं शाम हूं "

38. एक परिंदा

एक परिंदा क्या प्रतिक्रिया दे?
धीरे से अपनी ना गर्दन को हिला दे,
कैसे वो अपनी आँखें झपका दे!
अपने सीमित पंखों से असीमित आसमान को नापने वाला,
कहो भला तुमसे क्या छुपा दे! क्या बता दे?
अपने घोंसले का गायब प्रहरी,
एक एक निवाले को सौ सौ फेरी,
रुके जाए तो क्या समेट ले ! क्या खो दे ?
एक परिंदा भला...क्या प्रतिक्रिया दे ।

***

"देखो थके आ बसे छत पर परिंदे,
वही आसमान वही हौसले,
कल फिर कहीं बह चले ।
ठौरों की प्यास में
घर-ब-घर, दर-ब-दर"

39. उमंग

उमंग...एक शब्द मैंने खोजा है |
मैंने इसे तब पाया, जब मैं खुश था ,
मुझे पता था ,फिलहाल ....
मुझसे खुश कोई नहीं ,
मन के भावः थे ,कुछ ग़लत ,कुछ सही ,
और एक तरंग मस्तिष्क में ,
कुछ अलग ही रंग बनाती थी ,
और आंखें ख़ुद को गीला पाती थी ,
मन कहता था चिल्ला .... और चिल्ला
चिल्ला ,की तू खुश है ,बहुत खुश ,
पर कुछ ठीक से पता नहीं ,
वो पानी उमंग है ?
या तरंग उमंग है ,या ख़ुशी उमंग ?
फिर ख़ुद को दुखी कर देखा ,
आंखें अब भी गीली थी ,
अब भी मन कहता की चिल्ला ,
खूब चिल्ला ,खूब गुस्सा कर ,
पर मैंने कोई तरंग महसूस न की ,
ये तरंग जो महसूस न थी वो उमंग थी .
उमंग एक तरंग मैंने खोजा है ....
उमंग एक शब्द मैंने पाया है ,
इससे मैंने तब पाया जब मैं जीता ,
उमंग एक भाव मैंने खोजा है ...

***

40. है ऐसा ही

अब शहर है तो शोर होगा ही,
हर और हैं लोग, तो हर ओर होगा ही ।
घर से ही शुरू हैं सारी गलियां,
सन्नाटे का कोई छोर होगा ही ।
तुम अँधेरा हो असलियत में,जल कितना पाओगे ?
तुम्हारे संग भी दिये का भोर होगा ही ।
पंछी हैं, तो मुसाफिर हैं पंछी,
हर उनके पड़ाव पे हिलोर होगा ही ।

***

"कोई अनजाने, मेरे गीत सुन
समझ लेता मेरा सूनापन,
कोई भाँप लेता, मेरा मुझसे प्रश्न
मेरा होनापन ।"

"कोई साधारण काली आँखों के पीछे,
कालेपन को टटोल जाता,
कोई बर्फ़ जैसी अनगिनत,
परत को खोल जाता।"

41. मूल्य

व्यर्थ, व्यथित गीतों का गीतकार ही सही,
कुछ पाटों पर संगीत, कुछ पर चीत्कार ही सही,
जितना बुना है, ख़ुद से धुना है,
इस बंजर हथेली पर सवा ग्राम मेरी कमाई,
आकार ना सही, सरोकार ना सही ।

***

होता है

होता है, जीने में अक्सर ये होता है...
लगता है आँखों में ख़्वाब मौन हैं,
साँसे हरक़त में होती हैं,
फिर भी आता है, हम कौन हैं?
कभी उम्मीद की कोपल सूख भूरी हो जाती है,
कभी हौसलों की उड़ान अलसाई नज़र आती है,
कभी मर्मी इंसान थक के निढ़ाल बैठ जाता है...
ख्वाब सिसकते है, उड़ान सिसकते हैं, इंसान तन्हाई में रोता है...
होता है, जीवन मे अक़्सर ऐसा होता है ।
कोपलें बरसात में खिल जाती हैं,
उड़ान पल भर की देरी में उफान पाती हैं,
इंसान उठ खड़ा होता है,
उसे तो चलना होता है...होता है...

***

42. मुझे क्या !

दीवाने हैं, दीवानों का सा हश्र होता रहे, मुझे क्या !
शाम बीते शराबखाने में,
बैठे हैं इस बहाने में,
कोई आएगा |
न कमबख्त कोई आये, मुझे क्या !
है फ़कीरियत नियत में,
हर रात इस जुगत में,
आज तो बरसात न हो |
हो बरसात, भरपूर भिगा दे, मुझे क्या !
परछाईयों के पीछे,
हर स्याह-सवार को खींचे,
दूं तस्वीर को रंग |
बेढंग बने, बने ना बने, मुझे क्या !
कोई खीज के चला जाये,
कोई खुसफुस हँसे बतियाये,
उसपर मैं हँस दूं |
मेरे मन को ना समझ पाए, मुझे क्या !

***

43. गलियों की आवारा दोस्ती

गलियों की आवारा दोस्ती,

छुट-पुट बच्चों की रेल दौड़ती,

गर्मी की छुट्टियाँ, भरी दुपहरी,

तभी टोली की आवाज गूंजती,

आधा खा कर भाग कर जाना,

याद तो होगा जब माँ थी रोकती |

शाम को आना,

घर भर को बताना,

दौड़ दौड़ बाबा को सुनाना |

बाबा,आप ना इतना दौड़े होगे !

तबबाबाकीहसीनिकलती,

गोदी में आहिस्ते बिठाना,

अपने बचपन का किस्सा सुनाना |

कैसे निभती थी तब,

गलियों की आवारा दोस्ती,

छुट-पुट बच्चों की रेल दौड़ती,

आधा खाकर भाग कर जाना,

उन्हें याद था,जब माँ थी रोकती |

***

44. शमी

(मेरी कहानी 'इनाम और जुर्माना' के एक पात्र शमी अहमद ने ये
छोटी सी कविता खुद के लिए लिखी है...)

खुद पर यकीन कर शमी,
खुदा पर यकीन कर शमी |
जो अल्लाह ने दिया इस जहाँ में
रह जाएगा यहीं,
तू रह जायेगा, ये सोच भी मत |
शायद तेरा नाम रह जाये शमी |

***

45. री - यूनियन

पुराने मसालों की महक लिए,
नमक पे कितने जिरह किये?
आज कहाँ से खूब मिले,
बिरयानी के दानों से दोस्त ।

***

दोपहर की नींद

दिन की हरकतों से रात मैंने भांप ली,
नीर की ठंडक चुरा ली,
तरुवर से कुछ छाँव ली,
चल दिए तकिया उठा कर सपनों के उस गाँव में,
पलकों पर जब चढ़ बैठी
नींद इतनी बावरी ।
दिन की हरकतों से रात मैंने भांप ली ।
ये भी नशे का रूप है
प्यारी नींद में सो जाना,
अच्छे अच्छे सपनों में,
भ्रम में डूबना, खो जाना,
ऐसे मस्त उठे अगले दिन*,
की निशा में कितनी जाम ली ।
दिन की हरकतों से रात मैंने भांप ली ।

***

46. कमी

जो चाहो, वो मिलता है |
जीवन में, हर रंग खिलता है |
संभव हर ख़ुशी मिल ही जाती है,
पर...कुछ कमी रह जाती है |

सूखे पत्ते झड़ कर डालों से,
यूँ जमीन पर पड़ जाते हैं,
की हटा हटा कर छांव को,
पक्षी दाना खाते हैं |
एक एक दाना लिखा जाता है,
पक्षी भी उड़ जाता है,
जमीन नंगी रह जाती है,
टूटी, खुरदुरी, अलसाई ...
बसंत फिर से आती है,
हँसती है, खिलखिलाती है, गाती है, गवाती है |
पर...कुछ कमी रह जाती ही |

***

47. मिलिए मुझसे

मुझे, तुम्हारी ज़िन्दगी से थोड़ा सा चुरा कर लिखने दो न,
ये प्यारी सी कहानी, बार बार मुझे कहने दो न |
मैं शुरू करूँगा वहाँ से, जहाँ तुम होगे ही नहीं,
तुम्हे तुम्हारी ही कहानी में धीर धीरे भर दूंगा,
तुम्हे एक रूप भी दूंगा,
थोड़ा तुमसे ही चुराया हुआ, थोड़ा मेरा बनाया हुआ |
थोड़ा मेरा बनाया हुआ, तुम्हे एक किरदार भी दूंगा,
अच्छा भी दूंगा, बुरा भी दूंगा,
धीरे धीरे किस्सा आगे कहता रहूँगा |
एक हँसी का लम्हा डाल दूंगा,
एक ख़ुशी उछाल दूंगा,
फिर धीरे धीरे दर्द का कारण बहने दूंगा,
ऐसा दर्द गढ़ दूंगा की, पढने वाले भी रोने लगें,
ऐसा दर्द जिस से निकलना थोड़ा मुश्किल होगा |
फिर आएगी वो महान गाथा,
जिसके लिए ये कथा चुरायी,
जिसके लिए तुम्हे, तुम्हारी ही कहानी में गढ़ा...
जीवन के रंगों से मढ़ा |
तुम जीतोगे दर्द से,
इन्सान के सफ़र के परम युद्ध से,
ऐसी रचना जो तुमको भी,
पन्नों में अमर कर देगी...
और मुझको भी...कहीं दर्ज करेगी |

***

<u>मैं क्यूँ लिखता हूँ !</u>

मैं क्यूँ लिखता हूँ ! मैं बताऊँ ?

कुछ खफ़ा, खुशनुमा हालात हैं,

कुछ जुदा जज़्बात हैं,

कुछ पल हैं, यहाँ वहां बिखरे,

कुछ लोगों को गौर से देखा है,

कुछ चेहरे पढ़े हैं,

उन पर कुछ, कुछ खुद पर जो सोचा है,

क्या रहने दूं उनको !

एक काले कमरे में, जो मन है...

और उन जज़्बात, हालात, पलों, चेहरों, सोच को

यूं ही जाने दूं...

या उन्हें एक नन्हा पंख दूं उड़ने को !

बस...इसलिए मैं लिखता हूँ |

***

"जितना शोर सुना समुद्र में, उतना कोलाहल है मन में,

जितना छिछला रेतीला किनारा, उतना हलाहल जीवन में"

"तुम कहाँ ? मैं कहाँ !

आ देख मेरी ज़मीन,

मेरे जीवन का संकुचित कोना,

मेरा हमेशा वहीं होना,

छीन रहा मेरा आसमान तक "

48. इंटरव्यू प्रत्याशी

मुस्कुराते लेकिन बेताब चेहरे,
हताशा छुपाते, संयम के पहरे,
हर कदम पर खुद की नयी कहानी,
हर झिझक पर परेशान ठहरे |

उम्मीद पर झूठ की अर्क चढ़ाये,
ताकते किसी ओर फर्क बढ़ाये,
हर आवाज पर खुद को नापते,
तोलते हर नकाब से अपने चेहरे,
ये समझा पाने को की कितने गहरे,
ये मुस्कुराते लेकिन बेताब चेहरे |

***

"इस्तेमाल बेशक़ मैं हुआ हूँ, ख़र्च नहीं"

"आज मांग लो, आज छोड़ दो,
मैं दुआ नहीं, कि लग जाऊं!
मैं तो आह - ए - हसरत हूँ,
मुझे देख लो, मैं जग जाऊं"

49. शाम से याराना छूटा

आज, मैं ठीक उसी वक़्त घर लौटा,
जब धूप अपना पल्लू समेट
अपने किवाड़ में जा घुसती है,
और चाँद मुस्कुराता हुआ,
धुन्धलका कर सामने आता है |

मैं आया भी था इसी बहाने,
दो कप चाय लूँगा शाम के संग,
शाम से याराना कुछ छूट सा गया था,
और गरम चाय के साथ,
जब दिन भी ठंडा होता है,
वो पल, जाने कहाँ रूठ गया था |

बैठा गीले पाँव से,
मेरी हिलने वाली कुर्सी पर,
और गुफ्तगू छेड़ दी शाम के संग |
पूछे हालचाल, उसके नए ढंग,
और ये भी, की कहाँ छुपा लेता है
अपने रंग दोपहर के वक़्त !

शाम कुछ बोला नहीं,
धूल पोछ बस जाता दिखा,
लम्बी परछाई हटाता दिखा |
शाम फिर गयी, दिन फिर बीता ये समझाता,

ये पल अब मुझसे रूठ गया है,
शाम से याराना कुछ छूट गया है |

***

पुराना दोस्त

दिन तो बस यूँ ही बीता, साँझ थोड़ा रुक, रुक के जा |
आज तो कुछ मुझसे बात कर, कुछ मेरी सुन, कुछ अपनी बता |
मेरी तबियत जरा नासाज़ है आजकल, दफ्तर में बहुत काम है,
रात मिली है सोने को, फ़क़त यही आराम है,
यही आराम को छोड़े बैठे हैं और कितने आयाम !
शौक़, कॉफ़ी, सोफा, गुफ़्तगू सभी धता।
पर, तू हो सके तो किवाड़ किनारे इन्तेजार करना, कंकर धकेलना,
मैं पहुंचा बस इस पल उस पल...मजबूर हूँ...न समझ इसे मेरी
खता |

***

50. यहाँ गीत जन्म लेते हैं

सैकड़ों ऐलान, चिन्ह,
करीने से काटी सड़क,
बेतरतीब मगर झाड़ो के कोमल पत्ते ।
कामचलाऊ पुल,
कम गहरे झरने,
बदतमीज पत्थर,
रोकते नदी के रस्ते ।
करीने से काटी सड़क, लक्ष्यविहीन मगर,
अनायास ही रुकते हैं,
चलते हैं डगर,
लौट लौट आती है,
मेरी ही आवाज मुझ तक,
कब तक विस्मित,
कब तक चुपते! न हँसते?
वहाँ जहाँ पहाड़ आने वाले हैं,
वहाँ जहाँ बस नदी पार ही की है,
वहाँ जहाँ बागान हैं,
जहाँ वक़्त बचा कर चुकता है,
वहाँ जहाँ बड़े ख़र्च के बाद आ जाते हैं,
दफ़्तर, रसीदें दफ्तर में रहने देते हैं जहाँ,
यहाँ गीत जन्म लेते हैं ।

***

छुट्टियां

छुट्टियों पे चल पड़ना है सपरिवार ।
मम्मी की सख्त हिदायत है कि दफ़्तर को साथ नहीं ले चलना,
रसीदें-वासिदें पहले ही दुरुस्त रखना,
चाभी सहेज देना बड़े बाबू को ।
मम्मी ख़ुद ही भूल जाती हैं मगर,
पानी का नल कहीं खुला रह गया !
छुट्टियों पे कमबख्त नल भी गया ।

***

"इतनी तैयारी ! सूटकेस लिए, इतने दूर गए,
छुट्टियाँ तो कमबख्त मकान पर ही भूल गए"

51. अल्प विराम

खुद से पूछो,
अपने अन्दर के शोर से,
अठखेली मारते बचपन के हिलोर से |
ये नदी के किनारे ही वो किनारे हैं !
जो तुमने मांगे थे ,
या वो बिखरे पड़े सूत के धागे. . .

ये हरियाली मैदान और शान्त हवा,
चेहरे पे लगती बेहद थी,
या किसी की आवाज शहद. . .

ये तुम्हे टटोलते शब्द और कविताओं के हिस्से,
या अर्थी पे भी आस में लेटे रिश्ते. . .

जब ये जान जाना, तब ही आना
लेकर अपना सच और अपनी थकान,
तब तक, अल्प विराम,

*****

"टहनियों पे फ़िर आएंगे फूल, जब मौसम आएगा,
यकीन है हमें हमारा वक़्त आएगा, और awesome आएगा"

email: pathakmannu@gmail.com

twitter: @fakeinnovator